D1750507

Besuch bei Frau Sonne
Neue lustige Geschichten
von Heinrich Hoffmann
Insel Verlag

Von den Urenkeln Heinrich Hoffmanns
– Else Hessenberg, Kurt Hessenberg und Mathilde Jung –
autorisierte Ausgabe nach Originalvorlagen aus dem Nachlaß von Heinrich Hoffmann,
die von seinen Enkeln Eduard und Walther Hessenberg für die von ihnen 1924
bei Rütten & Löning, Frankfurt am Main, herausgegebene Erstausgabe überarbeitet wurden.
Die Abbildungen im Anhang wurden nach Vorlagen aus dem Struwwelpeter-Museum,
Sammlung der Originale Dr. Heinrich Hoffmanns, Frankfurt am Main, gedruckt.
Mit einem Nachwort von Kurt Hessenberg.
Herausgegeben von Else Hessenberg und G.H. Herzog

Erste Auflage 1985
© dieser Ausgabe Insel Verlag
Frankfurt am Main 1985
Alle Rechte vorbehalten
Druck: Appl, Wemding
Printed in Germany

Besuch bei Frau Sonne

Neue lustige Geschichten

von

Heinrich Hoffmann

Verfasser des Struwwelpeter

Besuch bei Frau Sonne

Die Sonne lud den Mond zum Essen,
Der Mond, der hat es fast vergessen,
Und kommt deshalb, wie das so geht,
Zu der Frau Sonne viel zu spät.
Die Sonne aber hungert sehr,
Sie will nicht länger warten mehr

Und setzet darum ärgerlich
Allein zur guten Suppe sich.
Da klopft es plötzlich an der Tür,
Und der Herr Mond tritt fein herfür,
Und seine Kinder, die kleinen Stern',
Die hätten mitgegessen gern;

Sie trippeln alle mit herein. –
Hu, wie erschrickt der Sonnenschein!

Das Gasthaus »Zum Stern«

Am Himmel, auf Wolken, da steht ein Haus,
Es schauen drei freundliche Engel heraus;
Das ist ein Gasthaus, genannt »Zum Stern«,
Man sieht es am Himmel, jedoch ganz fern;
Sie schauen nach rechts und nach links umher,
Ob's Christkind nicht in der Nähe wär'.

Und kommt dann das Christkind einmal zu Besuch,
Dann tun sie ihm Gutes, recht viel und genug,
Sie decken den Tisch vor dem Hause bequem
Und bringen Schokolade und Backwerk und Creme
Und Himmelsbretzeln und Engelskonfekt,
Das ohne Zweifel ganz himmlisch schmeckt.

Sie setzen sich dann in aller Ruh',
Und die Stern' am Himmel seh'n freundlich zu.

Der erste Ostertag

Fünf Hasen, die saßen
Beisammen dicht,
Es machte ein jeder
Ein traurig Gesicht.
Sie jammern und weinen:

»Die Sonn' will nicht scheinen!
Bei so vielem Regen
Wie kann man da legen
Den Kindern das Ei?
O weih, o weih!« –

Da sagte der König:
»So schweigt doch ein wenig!
Laßt Weinen und Sorgen,
Wir legen sie morgen!«

Adolf der Renner

Wenn Adolf auf der Straße war,
Dann lief er pfeilschnell immerdar,
Er lief so schnell als wie der Wind,
Das unbesonnen wilde Kind.

Doch einmal trieb er's gar zu toll,
Daß man es kaum noch glauben soll.
Er rennt – und hast du nicht gesehn! –
Da ist das Unglück schon geschehn:
Grad' an dem Gürtel reißt er ab
Und ist nur noch ein halber Knab'.
Die beiden Beine hält nichts mehr,
Und Kopf und Brust schrei'n hinterher.

Walther der Radfahrer
(Der Velocipeter)

Seht nur! Seht!
Wie das geht!
Auf dem Velociped,
Schnell wie der Wind weht!
Jetzt ist er hier, jetzt ist er dort;
Dann ist er schon wieder fort.
Wie hinter der Maus die Katz,
Wie vom Dach herunter der Spatz,
Wie aus dem Mund der Witz,
Wie aus der Wolke der Blitz.
So Walther, der junge Held,
Auf eb'ner Straße durch die Welt.

Velociped, Veloziped = alter Ausdruck
für Fahrrad

Der Bergspringer

Der Carl, der ist ein Wanderer,
Wie wohl nicht leicht ein anderer;
Ja, staunt ihn an, ja seht ihn nur,
Den Carl auf seiner ersten Tour!
Wohl über Flüsse, Schlucht und Tal
Hin schreitet er mit einem Mal;
Von Bergesspitz zu Bergesspitz,
Das ist für ihn ein leichter Witz.

Doch unten an dem Wirtshaus liegt
Das, was der Carl zu essen kriegt:
Zehn Laibe frisches schwarzes Brot,
Sechs Schinken, fein und rosenrot,
Und Leberwürste, Gelb- und Brat-,
Ein Schubkarr'n voll Kartoffelsalat,
Ein Berg von süßer Butter und
Ein Schweizer Käs' von sechzig Pfund!

Der Eduards-Brunnen

Wenn Eduard erzählen will,
Dann steht sein Mundwerk nimmer still;
Das klappert, plappert Wort für Wort,
Als wie ein Mühlrad fort und fort.
Er sprudelt, strudelt lang und hell,
Als wie im Park der lustige Quell.
Drum wird sein Bildnis auch zuletzt
Auf einen Brunnen hingesetzt.
Dann quillt's und schwillt's hervor mit Pracht,
Und quätscht's und trätscht's die ganze Nacht,
Dann kollert's, rollert's Tag und Nacht,
Daß ihm das Herz im Leibe lacht.

Das Mammut

Ein Mammut, das im Eise steckt,
Hat unser Walther hier entdeckt;
Da saß es wohl viel tausend Jahr',
Seit es da eingefroren war.
Jetzt aber plötzlich aufgewacht,
Hat es die Augen aufgemacht
Und rief vergnügt trotz hohem Alter:
»Ei, guten Morgen, lieber Walther!«

Nun kam auch Eduard mit der Geig'
Und spielte einen Walzer gleich;
Das Mammut machte Schritt vor Schritt,
Der Walther, der ging mutig mit.
Dann tanzten sie vergnügt und lang;
Das liebe Mammut aber sang:
»Nun sind wir müd', nun sind wir heiß!
Jetzt essen wir Vanilleneis
Und Riesen-Urwelts-Biskuit,
Die bracht' ich aus der Eiszeit mit!«

Die Überschwemmung

Willst du Wasser schenken ein,
Muß es recht mit Vorsicht sein.
Schau das Bild! Und gib mir acht,
Was der Mann für Unsinn macht:
Er gießt Wasser in das Glas
Immer zu, wie dumm ist das!

Und es läuft und läuft und läuft,
Bis darin die Stub' ersäuft.
Und, der Stuhl steht tief darin,
Hundchen schwimmet her und hin,
Und zwei Schiffe fahren auch
Dort mit Segel und mit Rauch.

Von der Babett' an der Tür
Sieht nur noch der Zopf herfür!

Das Brünnlein

Einmal, als das Jahr
Gar zu trocken war,
Da war Knall und Fall
Alles Wasser all!

Doch ein Brünnlein, tief versteckt,
Wurde plötzlich noch entdeckt.
Dahin alles eilig lief:
Ente, Hund, Lokomotiv,
Knabe, Mäuse, Mann und Frau,
Auch der Bettler, alt und grau,
Mit dem Becher auch der Bube,
Tisch, Stuhl, Schemel aus der Stube.

Die Rose und das Bienchen

Das Bienchen war von Honig satt,
Das Bienchen war schon alt und matt.
Zur Rose kam's zum letztenmal
Im Herbst bei hellem Sonnenstrahl.
Das Bienchen macht noch: Summ! Summ! Summ!
Dann fiel es hin und war ganz stumm.
Die Rose aber jammert sehr:
»Ach, jetzt hab' ich kein Bienchen mehr!
Das Beste soll es haben,
Mit Blättern will ich's begraben.«

Die Tulpe und das Veilchen

Ei, seht mir doch die Tulpe an!
Die hat nie was Gescheit's getan.
Sie riecht nicht gut, man ißt sie nicht,
Und macht doch so ein stolz Gesicht.
Sie geht daher mit Tuch und Stock,
Und ist so steif als wie ein Bock. –
Das arme Veilchen Bettelkind
Läuft hinter ihr so recht geschwind,
Und spricht: »Frau Tulpe! Schenk mir was!
Es hat geregnet, ich bin naß!«
Die Tulpe schüttelt stolz das Haupt,
»Das Betteln ist hier nicht erlaubt«.
Die Amsel oben auf dem Ast
Schreit aus dem Hals die Lung' sich fast:
»Du steife, geizige Tulpenblum'!
Du bist so stolz und doch so dumm!
Ja! Wenn Du röchst wie's Veilchen!
Da warte noch ein Weilchen!«

Der Kanarienvogel und der Spatz

Der Kanarienvogel:
Ich wohn' in einem goldenen Haus,
Bei mir sieht alles vornehm aus.
Ich hab' ein gelbes feines Kleid,
Mein Futter steht mir stets bereit;
Du aber bist hier nicht am Platz,
Du bist doch ein gemeiner Spatz!

Der Spatz:
O mach' mir doch kein solch Geschrei!
Du sitzt im Loch, und ich bin frei!
Was soll dein Kleid? Was soll dein Haus?
Du kommst dein Lebtag nicht heraus;
Mir ist mein grauer Kittel recht;
Ich bin ein Herr, du bist ein Knecht!

Eine seltsame Kaffee-Gesellschaft

Die Witwe Frau von Gänseschwein,
Die lud sich die Gesellschaft ein,
Die neulich auf dem Forsthaus war
Bei einem Kaffee wunderbar.
Es sitzen da an einem Tisch:
Herr Fischent' und Frau Entenfisch,
Herr Hahnenhund, Frau Schnauzerhuhn,
Die wollen sich recht gütlich tun;

Dazu kommt noch Frau Schlangenspatz,
Mit ihrem Freund Herrn Ratzenkatz.
Sie trinken viele Tassen leer,
Es schmeckt der gute Kuchen sehr.
Dann lecken sie die Teller rein
Und putzen sich die Mäuler fein,
Sie grüßen sich und sagen:
»Auf Wiederseh'n in acht Tagen!«

Heinrich Hoffmanns Enkel, Kinder von
Antonie Caroline Hessenberg, geb. Hoffmann
(von links nach rechts): Eduard, Carl,
Walther (sitzend), Auguste (genannt Dulla).
Photographie um 1878, Photograph unbekannt.

Geleitwort (1924)

Wenn wir dieses Büchlein mit Bildern und Reimen unseres Großvaters der deutschen Kinderwelt übergeben, möchten wir mit einigen kurzen Worten berichten, wie diese lustigen Geschichten entstanden sind, weniger für die Kinder als für die Eltern, die sich der Zeit erinnern, wo sie sich in ihrer eigenen Jugend am »Struwwelpeter« und wohl auch am »König Nußknacker« und den anderen fröhlichen Kinderbüchern unseres Großvaters erfreuten.

Alle Geschichten, bis auf zwei, sind einem Büchlein entnommen, das unser Großvater nicht als fertiges Bilderbuch hinstellen wollte, sondern dessen Entstehung sich auf einen Zeitraum von etwa vierzehn Jahren erstreckt. Sonntags, in freien Stunden, wenn er in der richtigen Stimmung war, zeichnete er, immer in Gegenwart

Zeichnung von Heinrich Hoffmann, Januar 1872.
Dazu schrieb er folgende Verse:

> Wer sitzt denn da?
> Der Großpapa.
> Er macht sich eben dran
> Und zeichnet einen Hahn.
> Das Heinerchen das steht dabei
> Und sieht vergnügt die Zeichnerei.
> Das Carlchen, unser lieber Knab
> sitzt da und spielt mit dem Maßstab.

der gespannt zuschauenden Enkel, die Bilder in ein Heft und schrieb sofort die Verse dazu. Das Heft war ursprünglich für unsre beiden älteren Brüder Heinrich und Carl angelegt und beginnt im Winter 1871/1872. Als Einleitung findet sich auf dem ersten Blatt folgendes Gedichtchen:

»Für Carlchen und für Heinerchen
Stehn Bildchen hier und Reimerchen,
Viel Lustiges und Munteres
Und immer, immer Bunteres
Und Possiges und Putziges
Und wunderbarlich Stutziges
Und Groß und Kleines allerlei
Von sehr vergnügter Kinderei.
Und wenn Ihr sehr geduldig seid,
Wird's Büchlein voll in kurzer Zeit.«

So entstanden anfangs der 1870er Jahre die ersten zwanzig Blätter. Der frühe Tod unseres ältesten Bruders, der unserem Großvater sehr nahe ging, bewirkte dann eine lange Unterbrechung. Erst im Jahre 1884 begann er wieder regelmäßig für uns zu zeichnen und zu reimen. Alle acht bis vierzehn Tage schlug sonntags für uns vier Geschwister die festliche Stunde. So kamen noch zweiundzwanzig Blätter hinzu.

Der Velocipeter, Zeichnung von Heinrich Hoffmann,
6. April 1884

Die meisten Geschichten sind so persönlich und inhaltlich so eng mit der Familie verknüpft, daß sie sich zur Veröffentlichung nicht eignen. Da das Büchlein aber nicht nur bei Enkeln und Urenkeln, sondern auch bei andern Kindern, wenn sie zu Besuch kamen, stets große Freude hervorrief, haben wir uns entschlossen, das, was uns und unsere Kinder erfreute, auch einem größeren Kreis von Kindern zugänglich zu machen. Wir haben eine Auslese getroffen und bringen diejenigen Geschichten, die entweder ganz unpersönlich oder, wenn sie auch hie und da persönliche Anspielungen enthalten, doch allgemein verständlich sind.

E.H.    W.H.

    Zwei Geschichten – »Adolf der Renner« und »Das Brünnlein« – sind einem anderen, um eine Generation früher entstandenen Heft entnommen, das für den jüngsten Sohn Eduard – in den Kinderjahren »Badd« genannt – genau in der gleichen Weise zustande kam wie das ersterwähnte Heft. Es enthält 47 Zeichnungen und Verse aus den Jahren 1852 bis 1854 und trägt die Aufschrift:

> »Dies ist das Buch, in das dem Badd
> Papa gar viel gezeichnet hat.«

    Wir hatten zuerst die Absicht, die Bleistiftskizzen in originalgetreuer Form herauszugeben. Denn es kann nicht zweifelhaft sein, daß für die Erwachsenen eine solche Wiedergabe, womöglich mit einer Faksimilereproduktion der gleichfalls mit dem Bleistift geschriebenen Reime, ungleich wertvoller gewesen wäre. Da dies Buch aber als eine Gabe für die Kinderwelt gedacht ist, mußte notwendig die Farbe hinzukommen, wie auch unser Großvater, wenn er diese Bilder noch herausgegeben hätte, sie zweifellos koloriert haben würde. So haben wir uns entschlossen, die zum Teil nur flüchtigen Skizzen ganz im Sinne unseres Großvaters etwas auszuführen und zu kolorieren.

    Wir hoffen, der heutigen Kinderwelt mit dem Buche die gleiche Freude zu bereiten, die uns unser Großvater in unserer Jugend machte, als er uns Enkeln in sonntäglichen Feierstunden die Bilder zeichnete und die Reime niederschrieb.

Frankfurt am Main, im Oktober 1924   Eduard und Walther Hessenberg

Die beiden Zeichnungen von Heinrich Hoffmann wurden 1985 ins Geleitwort eingefügt.
                                                                                                       Die Herausgeber

Nachwort (1985)

Zu Lebzeiten meines Urgroßvaters Heinrich Hoffmann sind von ihm außer dem »Struwwelpeter« noch vier andere Kinderbücher erschienen. Das letzte, »Prinz Grünewald und Perlenfein...«, kam 1871 heraus.

»Damit war meine Kinderschriftstellerei und Künstlerlaufbahn beschlossen«, vermerkt Hoffmann in seinen Lebenserinnerungen. Der Bildergeschichten, die er an Sonntagen für seine eigenen Kinder und Enkel gezeichnet hat, gedenkt er hier nicht.

Erst 1924 haben seine Enkel, mein Vater Eduard und sein Bruder Walther, aus dem Nachlaß Heinrich Hoffmanns eine Auswahl unter dem Titel »Besuch bei Frau Sonne« bei Rütten & Löning in Frankfurt herausgegeben.

Das Kinderbuch erreichte im Erscheinungsjahr eine Auflage von 20 000 Exemplaren, geriet aber später etwas in Vergessenheit, bis im Jahre 1964 der Atlantis-Verlag sich der Bildergeschichten erinnerte und sie im Rahmen der »Zwergen-Bücherei« unter dem Titel »Frau Sonne« neu herausgab, allerdings wegen des kleinen Formats in etwas anderer Auswahl.

In der vorliegenden Ausgabe sind folgende Bildergeschichten neu aufgenommen: »Walther der Radfahrer«; »Der Eduards-Brunnen«; »Die Tulpe und das Veilchen«; »Der Kanarienvogel und der Spatz«.

Die Illustration zur letztgenannten Geschichte ist übrigens als einzige von Heinrich Hoffmann selbst koloriert – wie sollte man sonst auch die beiden Vögel unterscheiden?

Das im Geleitwort meines Vaters Eduard zur Erstausgabe von 1924 genannte Büchlein »Für Carlchen und Heinerchen«, das in Form von Bleistiftzeichnungen die Originale der meisten der hier vorliegenden Bildergeschichten enthält, gehört zu den bleibenden Erinnerungen an meine Kindheit. An Sonntagen las mein Vater uns Kindern manchmal daraus vor, und als wir größer waren, durften wir es auch gelegentlich selbst mit frischgewaschenen Händen vorsichtig anfassen.

Irgendeinem Familienmitglied, vielleicht schon aus der Generation meines Vaters, hatte offenbar die Bildergeschichte »Der erste Ostertag« besonderen Eindruck gemacht, und so heißt das Skizzenbuch bei uns heute noch »Das Häschenbuch«. Mich selbst hat allerdings am meisten die Geschichte mit dem Mammut fasziniert, vor allem wegen des Vanilleeises und der Riesenbiskuits, dann aber auch aus zoologischen und familiären Gründen (denn mein Vater Eduard und mein Onkel Walther kommen darin vor) – und schließlich, weil Musik gemacht wird (wenn es für mich auch nicht der einzige Anstoß zur Wahl des Musikerberufes war).

Besonderes Vergnügen machte mir auch immer die »Seltsame Kaffee-Gesellschaft«, die ja, was ich damals noch nicht wußte, Christian Morgensterns »Ochsenspatz«, »Giraffenigel«, »Turtelunke«, »Rhinozepony« (u.a.m.) vorwegnimmt.

Frankfurt am Main, im Mai 1985   Kurt Hessenberg

Heinrich Hoffmann, 1893
Photographie von Erwin Hanfstaengl,
Frankfurt am Main

Heinrich Hoffmann – Biographische Daten

1809 am 13. Juni in Frankfurt am Main geboren.
1829 bis 1833 Studium der Medizin in Heidelberg und Halle.
1833 bis 1834 Studienaufenthalt in Pariser Hospitälern.
1835 Heinrich Hoffmann läßt sich als praktischer Arzt in Frankfurt am Main nieder. Mitarbeit an der 1834 gegründeten Armenklinik.
1840 Heirat mit Therese Donner, Tochter des Frankfurter Handelsherrn Christoph Friedrich Donner.
1841 Geburt des ersten Sohnes Carl Philipp.
1842 Erste literarische Veröffentlichung »Gedichte«.
1844 Geburt des zweiten Kindes, der Tochter Antonie Caroline, genannt Lina. Urmanuskript des »Struwwelpeter« als Weihnachtsgeschenk für seinen kleinen Sohn Carl.
1845 Erste gedruckte Ausgabe des »Struwwelpeter« unter dem Pseudonym Reimerich Kinderlieb. Literarische Anstalt (J. Rütten), Frankfurt am Main. Mitgründer des Ärztlichen Vereins.
1848 Geburt des dritten Kindes, des Sohnes Eduard. Heinrich Hoffmann wird als einer von zehn Frankfurtern in das Vorparlament der Frankfurter Paulskirche gewählt.
1851 Veröffentlichung des Kinderbuches »König Nußknacker und der arme Reinhold«.
1851 bis 1888 Arzt an der »Anstalt für Irre und Epileptische« in Frankfurt am Main. Er baute 1859 bis 1864 mit dem Architekten Oskar Pichler ein modellhaftes psychiatrisches Krankenhaus vor den Toren der Stadt. Dort lebte er mit seiner Familie, seiner verwitweten Tochter und ihren vier Kindern in therapeutischer Gemeinschaft mit seinen Patienten.
1854 Veröffentlichung des Kinderbuches »Bastian der Faulpelz«.
1857 Veröffentlichung des Kinderbuches »Im Himmel und auf der Erde. Herzliches und Scherzliches aus der Kinderwelt«.
1871 Veröffentlichung des Kinderbuches »Prinz Grünewald und Perlenfein mit ihrem lieben Eselein«.
1883 50jähriges Doktorjubiläum.
1889 bis 1891 Niederschrift der Lebenserinnerungen, die erst 1926 erscheinen konnten.
1890 Feier der Goldenen Hochzeit.
1894 am 20. September stirbt Heinrich Hoffmann in Frankfurt am Main.

Aus den Lebenserinnerungen Heinrich Hoffmanns zusammengestellt.

Die auf zehn Bände angelegte Ausgabe
von Heinrich Hoffmanns Werken im Insel Verlag
enthält alle Kinderbücher, Hoffmanns humoristische Studien,
eine Auswahl aus den gesammelten Gedichten,
ein Liederbuch für Naturforscher und Ärzte,
Reiseskizzen, Schriften und Texte zur Psychiatrie
sowie Heinrich Hoffmanns Lebenserinnerungen.
Diese von den Urenkeln Hoffmanns
– Else Hessenberg, Kurt Hessenberg und Mathilde Jung –
autorisierte Ausgabe beruht auf dem Nachlaß.
Zum ersten Mal können damit alle wichtigen Schriften Heinrich Hoffmanns
in ihrer authentischen Form zugänglich gemacht werden.
Herausgeber der zehnbändigen Ausgabe sind
Else Hessenberg, G.H. Herzog und Helmut Siefert.